ALBUM
BÉRANGER

PAR

GRANDVILLE

BÉRANGER
NÉ A PARIS LE 19 AOUT 1780

LES MIRMIDONS

Imp. J. Claye. — A. Quantin, sʳ.

Imp. J. CLAYE — A. Quantin, sr.

J. CLAYE, IMP.

IMP S. RAÇON.

J. CLAYE, IMP.

J.J GRANDVILLE DEL. BREVIERE ET HEBERT SC
 J. CLAYE, IMP.

J. CLAYE, IMP.

LA BONNE FILLE

J. CLAYE, IMP.

J. CLAYE, IMP.

Imp. J. CLAYE. — A. Quantin, s'.

LES RÉVÉRENDS PÈRES.

J. CLAYE, IMP.

J. CLAYE, IMP.

J. CLAYE, IMP.

J. CLAYE, IMP.

J. CLAYE, IMP.

J. CLAYE, IMP.

J. CLAYE, IMP.

J. CLAYE, IMP.

LA SYLPHIDE

LE VOYAGEUR

LA FILLE DU PEUPLE

Imp. J. CLAYE — A. QUANTIN Sᵗ.

Imp. J. CLAYE. — A Quantin, Sr.

Imp. J. CLAYE. — A. Quantin, S^r.

LE TEMPS

LES RELIQUES

JEAN DE PARIS

MADAME GRÉGOIRE.

LAIDEUR ET BEAUTÉ

LOUIS XI.

J. CLAYE, IMP.

LE CENSEUR

JEANNETTE.

LES BOXEURS.

FRÉTILLON.

M. JUDAS.

LA MARQUISE DE PRETINTAILLE.

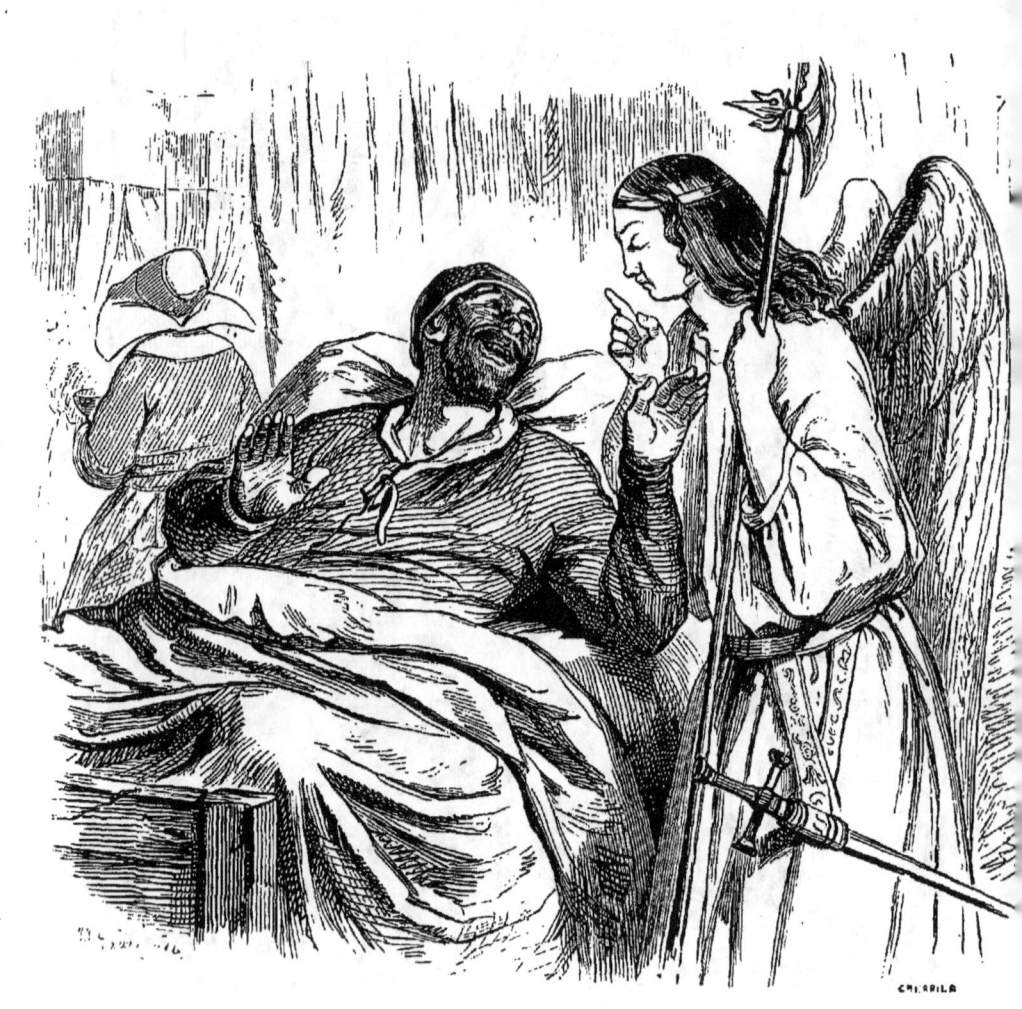

L'ANGE GARDIEN.

J. CLAYE, IMP.

J. CLAYE. IMP.

J. CLAYE, IMP.

DE PROFUNDIS.

MA GRAND'MÈRE.

LES CAPUCINS.

PASSEZ, JEUNES FILLES

LE ROI D'YVETOT.

LE SÉNATEUR

ROGER BONTEMPS

LES NÈGRES ET LES MARIONNETTES

LE CHANT DU COSAQUE.

LA MORT DU DIABLE

LES HIRONDELLES.

J. CLAYE, IMP.

LA FORTUNE

LES GAULOIS ET LES FRANCS

LE PRISONNIER DE GUERRE.

LA SAINTE-ALLIANCE BARBARESQUE

LA MUSE EN FUITE

Imp. J. CLAYE. — A. Quantin, Sʳ.

PONIATOWSKI

J. CLAYE, IMP.

LES CONTREBANDIERS.

LE VIEUX VAGABOND.

L'OPINION DE CES DEMOISELLES.

LE SOIR DES NOCES

L'AVEUGLE DE BAGNOLET.

PSARA

LA BONNE VIEILLE.

LE VIEUX CÉLIBATAIRE

J. CLAYE, IMP.

LE VIOLON BRISÉ.

LES BOHÉMIENS.

LE VIEUX CAPORAL.

LES CLÉS DU PARADIS.

J. CLAYE, IMP.

LE CARILLONNEUR.

LE DIEU DES BONNES GENS.

LE VENTRU.

VIEUX HABITS, VIEUX GALONS

LES CHANTRES DE PAROISSE

J. CLAYE, IMP.

L'EXILÉ.

LA GRANDE ORGIE.

MON CURÉ

IMP. S. RAÇON

LA CHASSE

Imp. J. CLAYE. — A. Quantin, sʳ.

LE TROISIÈME MARI.

TREIZE A TABLE

REQUÊTE DES CHIENS DE QUALITÉ.

PRÉDICTION DE NOSTRADAMUS

LE PETIT HOMME GRIS

LA PAUVRE FEMME.

LES ORANGS-OUTANGS

J. CLAYE, IMP.

L'ORAGE.

NABUCHODONOSOR.

LA MORT DE CHARLEMAGNE.

Imp. J. CLAYE. — A. Quantin, Sʳ.

MON HABIT.

LE QUATORZE JUILLET

www.ingramcontent.com/pod-product-compliance
Lightning Source LLC
Chambersburg PA
CBHW071402220526
45469CB00004B/1138